TIME
FOR KIDS

Animales del mar

en peligro

William B. Rice

Consultores

Timothy Rasinski, Ph.D.
Kent State University

Lori Oczkus
Consultora de alfabetización

Thorsten Pape
Entrenador de animales

Basado en textos extraídos de
TIME For Kids. *TIME For Kids* y el logotipo
de *TIME For Kids* son marcas registradas
de TIME Inc. Utilizados bajo licencia.

Créditos de publicación

Dona Herweck Rice, *Jefa de redacción*
Conni Medina, *Directora editorial*
Lee Aucoin, *Directora creativa*
Jamey Acosta, *Editora principal*
Heidi Fiedler, *Editora*
Lexa Hoang, *Diseñadora*
Stephanie Reid, *Editora de fotografía*
Rachelle Cracchiolo, *M.S.Ed.,*
    Editora comercial

Créditos de imágenes: págs.24–25, 26,
33–34, 44–45 Age Photostock; págs.22–23
Alamy; pág.36 Associated Press; págs.28, 51
(arriba), 51 (abajo) Corbis; pág.54 cortesía de
David Suzuki Foundation; pág.54 FishWise.
org; págs.16, 44, 47 (arriba), 52–53 Getty
Images; págs.38–39 iStockphoto; pág.40 Jany
Sauvanet/Photo Researchers, Inc.; pág.13
(ilustración) Kevin Panter; págs.2–3, 62–63 Lexa
Hoang; págs.26–27 Michael Patrick O'Neill/
Photo Researchers, Inc.; págs.28–29 Gregory
Ochocki/Photo Researchers, Inc.; págs.42, 42–
43, 43 B.G. Thomson/Photo Researchers, Inc.;
pág.54 SeaChoice.org; págs.24, 32–33 National
Geographic Stock; págs.34–35 RedAndr via
Wikimedia [CC-BY-SA]; pág.45 (abajo) Robert
Button/Associated Press; pág.50 LiPo Ching/
MCT/Newscom; pág.56 (abajo) Newscom;
pág.56 (arriba) MCT/Newscom; pág.57 (arriba)
SANTI BURGOS/EFE/Newscom; pág.57 (abajo)
ZUMA Press/Newscom; todas las demás
imágenes son de Shutterstock.

Teacher Created Materials

5301 Oceanus Drive
Huntington Beach, CA 92649-1030
http://www.tcmpub.com

ISBN 978-1-4333-7168-4

© 2013 Teacher Created Materials, Inc.
Printed in China WAI002

TABLA DE CONTENIDO

UN MUNDO EN PELIGRO

Cuando miras el océano, puedes ver hermosos colores que ondean con suavidad en el agua. Parece un mundo vacío y pacífico. Pero baja más y más y más, hasta las profundidades del océano. Allí las corrientes se desplazan a gran velocidad y forman remolinos. La Tierra se transforma. Y de pronto aparecen peces y mamíferos por todos lados.

Desde arriba, desde la tierra y el aire, no podemos ver a estas hermosas criaturas. Pero están allí. Y necesitan que las protejamos. Debemos cuidar su mundo para que puedan vivir y fortalecerse. Juntos, podemos hacer la diferencia.

PARA PENSAR

- ¿Qué animales viven en nuestros océanos?

- ¿Por qué muchas criaturas del mar están en peligro?

- ¿Qué podemos hacer para proteger a estos animales?

Lamentablemente, muchos animales del océano no están seguros. Están **en peligro**. Corren riesgo de desaparecer del planeta para siempre.

¿Por qué? En parte, así es la naturaleza. Las **especies** aparecen y desaparecen debido a los cambios naturales en la vida y en la Tierra. Pero lo más común es que sea culpa de los seres humanos. Las personas pescan en exceso. Y **contaminan** el agua. Destruyen los hábitats sin pensar en las necesidades de los animales que viven allí. Sus acciones ponen en peligro a todo el planeta.

La basura invade nuestros océanos y daña a los animales que viven allí.

En peligro

Estar en peligro es estar amenazado y en riesgo de **extinción**, es decir, de desaparecer por completo. Con el paso del tiempo, muchas especies se han extinguido. Pero la buena noticia es que, con ayuda, ha aumentado la cantidad de ejemplares de algunas de las especies en peligro.

Los desechos plásticos pueden sofocar, atrapar o envenenar a los animales del océano.

¿Por qué importa que se extingan los animales? Bueno, le importa mucho a los animales. Y también debería importarle a las personas. Los científicos saben que las personas, los animales y las plantas están conectados. Dependemos los unos de los otros. Lo que daña a unos también daña a otros. Tal vez no nos demos cuenta de inmediato, pero incluso los cambios pequeños pueden hacer una gran diferencia. Nuestra propia salud y nuestro bienestar dependen de cómo protegemos a los animales del mundo, incluidos los animales del océano.

Especies

Una especie es un grupo específico de animales con características comunes. Los tigres son una especie. Las águilas calvas son una especie. Y las ballenas azules también son una especie. En la historia de la Tierra han habido millones de especies. Ha habido vida durante muchos cientos de millones de años. Las diferentes especies prosperaron en diferentes momentos y de diferentes maneras. Y, a veces, fueron desapareciendo naturalmente.

ballena jorobada

Cadena alimenticia

Todos los seres vivos dependen de la salud de otros animales para mantenerse saludables y fuertes. Esta conexión se observa claramente en las cadenas alimenticias. Un animal se come a otro. Ese animal se come a una planta. La planta obtiene nutrientes del cuerpo en descomposición de un animal muerto. Si una de estas especies desaparece, causa problemas a todo el resto.

PROBLEMAS EN EL OCÉANO

¿Por qué los animales del océano tienen tantos problemas? Un gran motivo es la sobrepesca. Desde siempre, las personas han pescado para comer. Los científicos están de acuerdo en que esto está bien. Sin embargo, llega un punto en que se pesca más vida marina que la que se reproduce. Las especies comienzan a desaparecer. Y eso no está bien.

Sobrepesca

Casi siempre, la gente no pretende poner en peligro a una especie. En general, una **población** se reduce por una razón válida, como obtener alimentos. La pesca es un buen ejemplo. Cuando unas pocas personas pescan algunos peces, hay muchos otros peces que tomarán su lugar. Pero cuando miles de personas pescan montones de peces, puede afectar seriamente la población de peces. Esto es la sobrepesca. Cuando ocurre esto, no solo se afecta el **ecosistema**, sino que los pescadores pierden sus empleos y las personas no tienen peces para comer.

Contaminación

Los derrames de petróleo, la acumulación de basura y el exceso de productos químicos, todos tienen consecuencias terribles para la salud y el bienestar de la vida en el océano, y también para todos nosotros. El mayor depósito de basura del mundo se encuentra en el medio del océano Pacífico Norte. ¡La Gran mancha de basura del Pacífico tiene cientos de millas! Las corrientes oceánicas hacen que quede atrapada allí basura de todo el mundo.

derrame de petróleo de una plataforma de perforación

La sobrepesca es un buen ejemplo de "la tragedia de los comunes". Esta idea se refiere a un recurso común compartido por muchas personas. La tragedia ocurre cuando lo usan en exceso. No solo lo pierden quienes lo usan, sino que también lo pierden todos los que algún día podrían usarlo. Si todos trabajan juntos para mantener el equilibrio del recurso, estará allí para usarlo siempre.

La pesca es así. Muchos pescadores pescan para obtener alimentos y ganancias. Pero si cada uno piensa solo en lo que él o ella necesita y no piensa en la reposición de los peces, entonces una especie puede desaparecer. En ese caso pierden tanto ese pescador como todos los demás. Y también la gente y el resto de la vida marina que come ese pez.

Garrett Hardin, un ecologista estadounidense que escribió sobre los peligros de la sobrepoblación, primero escribió un ensayo titulado "La tragedia de los comunes" a fines de la década de 1960.

Un pequeño bote toma su parte de los peces.

Otro pequeño bote toma su parte de los peces.

Una pequeña pérdida de peces por sí sola tal vez no haga daño. Pero cuando muchos botes toman su parte, por pequeña que sea, en total pueden ser demasiados peces.

RECURSOS TOTALES UTILIZADOS

¿Sobrevivirán los peces?

¿Cómo funciona la sobrepesca? Imagina que en el océano hay 1,000,000 de truchas azules y 100 pescadores. Cada pescador captura 1,000 truchas azules por año. Las truchas azules se **reproducen** a una tasa del 10 por ciento de la población total cada año antes de ser capturadas.

Clave:

= 10 pescadores

= 10,000 truchas azules capturadas

= 10,000 truchas azules que no se reproducen

¡ALTO! PIENSA...

- ¿Sobrevivirán las truchas azules este año?

- ¿Qué pasaría si los pescadores pescaran menos o más peces?

- ¿Cómo pueden compartir los pescadores los peces de modo que todos prosperen?

Respuesta: La trucha azul sobrevivirá, pero se encuentra justo en el límite de la sobrepesca. Los pescadores capturan peces al mismo ritmo que estos se reproducen. Si los pescadores capturan más peces, eventualmente la trucha azul se extinguirá. Si capturan menos peces, con el paso del tiempo la población aumentará. Pero otra vida marina también podría atrapar y comer a la trucha azul, y eso la llevaría a estar por debajo de la tasa de supervivencia.

OCÉANO PACÍFICO

El Pacífico es el océano más grande. Cubre aproximadamente un tercio de la superficie de la Tierra. Allí viven innumerables plantas y animales marinos. Sin embargo, las criaturas marinas están en riesgo, sin importar dónde vivan. Las que están en el océano Pacífico no son la excepción.

Salmón real

El salmón real suele tener un color azul verdoso, con partes plateadas y blancas en los costados y la panza. A medida que envejece, toma un color que va del cobre al rojo oscuro. Los machos desarrollan un labio superior en forma de gancho y una gran joroba en el lomo. El salmón real es un pez que se come mucho. Está en peligro debido a la sobrepesca y a los cambios en el **hábitat** o la pérdida del mismo.

El salmón real adulto puede medir entre 3 y 5 pies de largo y pesar entre 40 y 120 libras.

Durante la época de desove, el salmón real hembra cava huecos o nidos llamados *frezaderos* en el fondo arenoso de los ríos y allí pone sus huevos.

Volver al punto de partida

El salmón real, al igual que muchos peces, es **anádromo**. Esto significa que nace en ríos o cursos de agua dulce. Durante el primer año de vida, nada corriente abajo, come y crece. Eventualmente, llega al océano donde vive la mayor parte de su vida. Y al final de su vida, regresa al río o curso de agua dulce donde nació. Allí **desova** y muere.

17

NUTRIAS DE MAR

Las nutrias de mar están emparentadas con las comadrejas. Su pelaje grueso y oscuro, que las mantiene calientes en el océano, es el pelaje más grueso de todos los animales de la Tierra. Las nutrias de mar tienen pies traseros palmeados, planos y anchos, que les ayudan a nadar. Pero caminar en tierra firme les resulta difícil. Son animales sociales y juguetones, pero pasan mucho tiempo solos.

Tal vez las nutrias sean bonitas, pero aun así están en peligro. Están en peligro principalmente porque se las caza para obtener su piel. Otras amenazas son la contaminación con petróleo, la caza furtiva y los equipos de pesca.

Ancladas

Pueden verse nutrias flotando en grandes parches de algas. Enredan sus piernas entre los tallos y duermen en paz, seguras de que las algas evitarán que, flotando, se alejen de las demás nutrias.

Las nutrias de mar son mamíferos marinos. Los adultos suelen llegar a pesar entre 30 y 100 libras y a medir de 3 a 5 pies de largo.

De regreso

Las nutrias de mar fueron cazadas hasta casi extinguirse. Pero gracias a los esfuerzos internacionales para su **conservación** y las leyes que prohíben su caza, se han recuperado bastante. Se considera que su recuperación es uno de los principales éxitos de la conservación marina.

Las hembras llegan a medir aproximadamente nueve pies de largo y pueden pesar más de 700 libras. Los machos son mucho más grandes; pueden medir hasta 11 pies de largo y pesar hasta 2,500 libras.

LEÓN MARINO DE STELLER

Los leones marinos de Steller están en peligro. Pero no se sabe muy bien por qué. Algunos científicos creen que los peces de los que se alimentan han sido pescados en exceso. Otros creen que podría deberse a la contaminación o los cambios climáticos.

Los leones marinos de Steller adultos son de un color amarillo claro o rojizo. Los machos tienen cabezas más grandes y anchas que las hembras y una densa capa de pelo que les cubre el cuello grueso. Parece que tuvieran una melena.

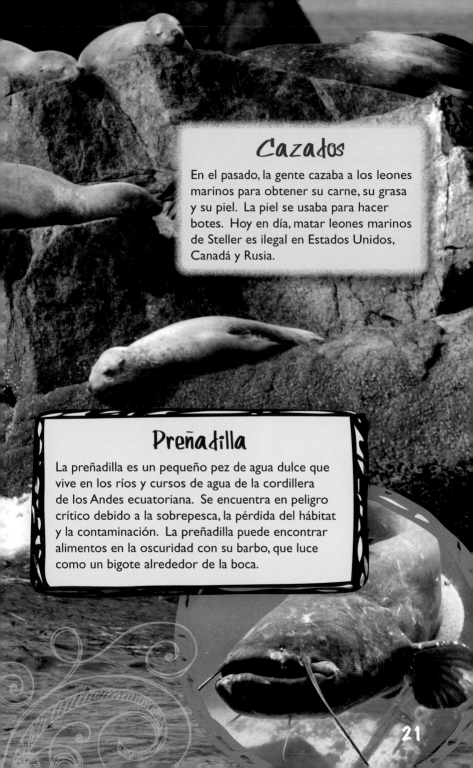

Cazados

En el pasado, la gente cazaba a los leones marinos para obtener su carne, su grasa y su piel. La piel se usaba para hacer botes. Hoy en día, matar leones marinos de Steller es ilegal en Estados Unidos, Canadá y Rusia.

Preñadilla

La preñadilla es un pequeño pez de agua dulce que vive en los ríos y cursos de agua de la cordillera de los Andes ecuatoriana. Se encuentra en peligro crítico debido a la sobrepesca, la pérdida del hábitat y la contaminación. La preñadilla puede encontrar alimentos en la oscuridad con su barbo, que luce como un bigote alrededor de la boca.

BACALAO DE ROCA

El bacalao de roca está en peligro crítico debido a la sobrepesca y a la **captura incidental**. Hay de diferentes colores como verde oscuro, anaranjado brillante, marrón y bronce claro. A este pez se le llama *"de roca"* porque vive principalmente entre las rocas del fondo del océano. Proteger su hogar puede ser la única forma de ayudarlo a sobrevivir.

mandíbula

El bacalao de roca se caracteriza por tener una boca grande. Es famoso por su larga mandíbula.

Trucha toro

La trucha toro se encuentra en ríos y cursos de agua de las montañas. Sin embargo, cada vez se encuentra en menos lugares y en menor cantidad. Ha sido víctima de la sobrepesca. La trucha toro tiene una cabeza más grande que otros peces similares, por ello el nombre.

23

OCÉANO ATLÁNTICO

El océano Atlántico es uno de los lugares de pesca más populares del mundo. Allí vive una gran variedad de criaturas marinas singulares. Sin embargo, dada la abundante pesquería en el océano Atlántico, muchas especies marinas están en peligro.

Atún de aleta azul del Atlántico

El atún de aleta azul del Atlántico es un pez muy valioso que está en peligro debido a la sobrepesca. ¡Un ejemplar saludable puede llegar a pesar hasta 1,000 libras! El atún de aleta azul es nativo del océano Atlántico y del mar Mediterráneo, pero fue **extirpado** del mar Negro, es decir, se extinguió de esa zona.

BACALAO DEL ATLÁNTICO

El bacalao del Atlántico vive principalmente en el fondo de las zonas menos profundas del océano. Comer bacalao fue muy popular durante muchas décadas. Pero la **pesquería** colapsó a principios de la década de 1990. La sobrepesca y la tecnología destruyeron el ecosistema y lo hicieron colapsar. Por este motivo, se prohibió la pesca del bacalao. Pero la cantidad de bacalao no se **recuperó**.

El bacalao puede medir hasta 50 pulgadas de largo y pesar hasta 75 libras.

La caída de los poderosos

El bacalao del Atlántico era un **superdepredador** en la cima de la cadena alimenticia. La sobrepesca hizo estragos en la cadena alimenticia y otros peces tomaron su lugar.

MERO GIGANTE

El mero gigante está en peligro debido a la sobrepesca. Vive principalmente en aguas tropicales poco profundas. A veces se encuentra en la costa de Nueva Inglaterra.

Se considera que el mero es muy sabroso. Esta es una de las principales razones por las que está en peligro: a la gente le gusta comerlo. Otra causa puede ser su propia naturaleza. El mero gigante es curioso e intrépido. Esas cualidades hacen que se meta en problemas y es probable que esto contribuya a que esté en peligro.

Esturión beluga

El esturión beluga es un pez de agua dulce que está en peligro debido a la sobrepesca y la **pesca furtiva**. Se encuentra principalmente en el mar Caspio y el mar Negro, y en algunas ocasiones en el Adriático. Es uno de los peces más grandes de la Tierra. En el pasado, principalmente se capturaba para obtener los huevos de la hembra. Los huevos, o *caviar,* se consideran una **delicadeza** y son muy valiosos.

El mero come mucho. Come cangrejos, langostas, camarones, otros peces, pulpos, e incluso tortugas marinas jóvenes.

¡El mero puede medir hasta 8 pies de largo y pesar más de 800 libras!

PEZ SIERRA DE DIENTES PEQUEÑOS

¿Recuerdas la película *Buscando a Nemo*? Dory, Nemo y un banco de peces quedan atrapados en una red de pesca gigante. Trabajan juntos y se liberan. El pez sierra de dientes pequeños no es tan afortunado o inteligente. Quedar atrapado en las redes de los pescadores es muy peligroso.

El pez sierra de dientes pequeños se encuentra en aguas tropicales poco profundas. Puede llegar a medir 25 pies de largo. Está emparentado con los tiburones y las rayas. Estos peces tienen hocicos largos y una fila de dientes afilados de cada lado. Usan los dientes para atrapar a otros animales marinos y alimentarse.

pez sierra de dientes pequeños

El pez sierra de dientes pequeños es una de las pocas especies de peces que guarda los huevos dentro de su cuerpo hasta que las crías están listas para nacer.

Los angelotes tienen un cuerpo inusualmente plano que hace que se parezcan a las rayas.

Un tiburón nada común

Los angelotes son un gran grupo de peces que incluyen especies en peligro y en peligro crítico. Pueden encontrarse diferentes especies en muchas partes de los océanos del mundo. Están en peligro debido a la sobrepesca y la baja tasa de reproducción.

CORAL CUERNO DE CIERVO

El coral cuerno de ciervo es hermoso. También está en peligro crítico. Los brotes de enfermedades y el blanqueamiento coralino son dos de las principales causas.

El coral se encuentra en muchos lugares, pero el lugar más famoso es la Gran Barrera de Coral. Las colonias de coral cuerno de ciervo lucen como las astas de un ciervo macho. Las colonias pueden llegar a medir hasta seis pies de alto y seis pies de ancho. Muchos otros animales marinos viven entre los corales y los arrecifes de coral.

Gran Barrera de Coral

La Gran Barrera de Coral es un sistema de arrecifes de coral frente a la costa de Australia. Abarca 135,000 millas del mar del Coral, lo que lo convierte en el sistema de arrecifes de coral más grande del mundo. El arrecife está formado por pequeños organismos llamados *pólipos de coral*. El Parque Marino de la Gran Barrera de Coral ayuda a proteger al arrecife, de modo que lo preserva para generaciones futuras de personas y animales.

Blanqueamiento coralino

Los corales y las algas viven juntos en estrecha relación y dependen mutuamente para sobrevivir. De hecho, las algas viven dentro de los pequeños animales de coral individuales. A veces, las algas pueden abandonar el coral, lo que provoca el blanqueamiento coralino o la pérdida de color. Las algas abandonan el coral por muchas razones, como cambios en la temperatura del agua, mayor acidificación, aumento de las partículas de tierra y contaminación química.

Los arrecifes de coral forman importantes entornos submarinos.

ANGUILA EUROPEA

La anguila europea es un pez que parece una serpiente. Está en peligro por muchos motivos, incluidos la sobrepesca, los **parásitos** y la contaminación.

La anguila europea nace de huevos en el océano. Las larvas flotan en el océano durante aproximadamente 300 días. Las anguilas jóvenes nadan corriente arriba en ríos y cursos de agua dulce. Son transparentes, por lo que parecen pequeñas anguilas de cristal. Pueden vivir de 5 a 20 años en el agua dulce. Luego, cuando son adultas, vuelven a nadar corriente abajo hasta el océano para reproducirse y poner sus huevos.

Nuevos números

La anguila europea está desapareciendo. Los científicos han observado un 99 por ciento menos de anguilas en el océano Atlántico.

La anguila europea suele medir de dos a tres pies de largo, pero en algunos casos ha llegado a medir casi cinco pies.

Durante muchos años, las anguilas han sido una importante fuente de alimento. Las anguilas en gelatina son un plato muy popular en Inglaterra.

33

Anguilas escurridizas

Cuanto más saben los biólogos marinos sobre los animales del mar, más puede protegerlos. Pero todavía queda mucho por aprender. Nadie ha podido determinar dónde desovan. Los expertos piensan que la anguila europea se aparea en el mar de los Sargazos. Hasta que se sepa más, será muy difícil protegerla.

Las corrientes llevan los huevos del océano a ríos y cursos de agua dulce.

MAR DE LOS SARGAZOS

La anguila pone los huevos en algún lugar del mar de los Sargazos.

La anguila adulta vuelve al océano luego de 30 o 40 años para reproducirse.

Peligros diferentes

Los animales que viven en muchos lugares diferentes enfrentan muchas amenazas diferentes. Las aguas del océano se están calentando y esto está cambiando las corrientes. En algunos lugares se pueden atrapar anguilas con mucha facilidad para usarlas como alimento. Otras anguilas pueden quedar atrapadas en ríos secos o diques cuando migran.

La anguila es apenas un ejemplo de un animal sobre el que debemos saber más para poder protegerlo.

OCÉANO ÍNDICO

En un viaje submarino por el océano Índico, podrías ver tortugas marinas gigantes o diminutos peces de arrecife de colores brillantes. Pero la hermosa y fascinante vida marina del océano Índico también está en problemas. ¿Por qué? Las razones son prácticamente las mismas que en cualquier otro lugar. Y las criaturas que viven allí necesitan de la misma ayuda.

¡Un gran pez!

El pez gato del Mekong se encuentra en peligro crítico debido a la sobrepesca, la destrucción del hábitat y la contaminación. Es el pez de agua dulce más grande del planeta.

Con un peso de 644 libras, es el pez de agua dulce más grande jamás encontrado.

ALMEJA GIGANTE

Actualmente hay una gran demanda de almejas gigantes. La gente las quiere comer y desea sus conchas como objetos decorativos. Tal como lo sugiere el nombre, la almeja gigante es el **bivalvo** vivo más grande que se conoce. Los animales bivalvos viven dentro de dos conchas duras que se abren y se cierran.

Las almejas gigantes se adhieren al suelo marino y no se mueven. Dependen de un tipo de alga que vive bajo su piel. Las algas le dan a la almeja nutrientes. Y, a su vez, la almeja le da al alga nutrientes y un lugar seguro para vivir.

Las almejas gigantes se encuentran en los arrecifes de coral poco profundos de los océanos Índico y Pacífico Sur.

¿Cuán gigante es gigante? Estas almejas pueden medir más de 4 pies de un lado a otro y pesar más de 400 libras.

DUGONGO

Al igual que los delfines y las nutrias, los dugongos son mamíferos. Principalmente se alimentan de praderas marinas. Las praderas marinas se encuentran en el fondo del océano, en zonas costeras poco profundas. Los dugongos han sido cazados durante miles de años para obtener su carne y el aceite que se extrae de su grasa.

Los dugongos viven mucho tiempo. Se sabe de un ejemplar que vivió 73 años. Hay pocos animales marinos que se alimentan del dugongo. Pero los cocodrilos, las orcas y los tiburones pueden llegar a comerse a las crías.

En la mayoría de los países está prohibida la caza de dugongos. Pero aun así están en riesgo. Esto se debe a la contaminación, la destrucción del hábitat y los accidentes con barcos. Los dugongos se reproducen a un ritmo lento.

¿Manatí o sirena?

Los manatíes se parecen mucho a los dugongos pero son una especie diferente. En otras épocas podían encontrarse en muchos lugares, pero ahora están en peligro por los mismos motivos que los dugongos. Dada su apariencia cuando salen a la superficie, probablemente de ellos surjan las historias sobre las sirenas.

Los dugongos y los manatíes a veces reciben el nombre de vacas marinas. Esto se debe a que pastan en las praderas marinas del mismo modo que las vacas lo hacen en las praderas terrestres.

ALREDEDOR DEL MUNDO

Una especie **cosmopolita** puede encontrarse en lugares de todo el mundo o buena parte del mismo. Este tipo de especie está cómoda en muchos lugares. Pero su flexibilidad no siempre es suficiente para garantizar su seguridad. Muchas de estas especies también están en peligro.

Contaminación física

La contaminación física es un problema para las tortugas laúd porque pueden comer desechos como globos o bolsas de plástico que lucen como su alimento preferido, las medusas. En sus estómagos e intestinos, los desechos pueden impedir que las tortugas absorban la comida u obstruir su pasaje a través del aparato digestivo.

TORTUGA LAÚD

La tortuga laúd es la tortuga marina más grande. No tiene un caparazón óseo duro como el de otras tortugas. En cambio, su caparazón está hecho de piel y tejido conectivo saturado de aceite, similar al cuero.

Las tortugas de laúd tienen un cuerpo en forma de lágrima, lo que les permite moverse por el agua más rápido y con más facilidad que cualquier otra tortuga. Principalmente comen medusas, por lo que ayudan a mantener las poblaciones de medusas bajo control.

La tortuga laúd está en peligro crítico porque se cosechan sus huevos como alimento. También hay muchos factores indirectos, como la captura incidental y la contaminación, que también la han dañado.

Tortuga carey

La tortuga carey está en peligro por muchos motivos, incluida la caza, la pesca furtiva y la destrucción de su hábitat. A mucha gente le gusta el sabor de las tortugas carey y las consideran una delicadeza. Las tortugas carey también tienen caparazones hermosos que la gente usa para hacer joyas, cepillos, peines, anillos y otros objetos decorativos.

TORTUGA CAGUAMA

La hembra pone los huevos en un nido que cava en la arena de las playas donde anida. Pero esta tortuga está perdiendo sus playas. Al haber menos lugares donde anidar, hay menos crías. Con frecuencia, la tortuga caguama queda atrapada en las redes de pesca y es cazada por depredadores exóticos. Todos estos factores han llevado a que esta tortuga esté en peligro.

Contaminación química

Se han encontrado niveles peligrosos de productos químicos nocivos en los huevos de algunas tortugas marinas, lo que podría afectar el desarrollo de las crías.

Las tortugas marinas son reptiles,
al igual que las tortugas de tierra,
las serpientes y las lagartijas.

Alimentación

La tortuga caguama come
diferentes tipos de criaturas
marinas, incluidos caracoles
marinos, almejas, cangrejos y
langostas. Tiene mandíbulas
grandes y fuertes que
le ayudan a romper los
caparazones de su comida.

BALLENA AZUL

Las ballenas azules están en peligro principalmente debido a la caza. Muchas fueron asesinadas a principios del siglo xx. En la década de 1970 se detuvo la mayor parte de la caza, pero todavía no se recuperó la cantidad de ejemplares. Las ballenas también pueden quedar atrapadas en los equipos de pesca y se enferman debido a la contaminación del agua.

Las ballenas azules son los animales vivos más grandes de la Tierra. De hecho, es probable que nunca haya habido un animal más grande en la Tierra. Las ballenas azules son largas, estilizadas y su color puede ser de diferentes tonos de gris y azul. Apenas estamos empezando a aprender cuán inteligentes pueden ser.

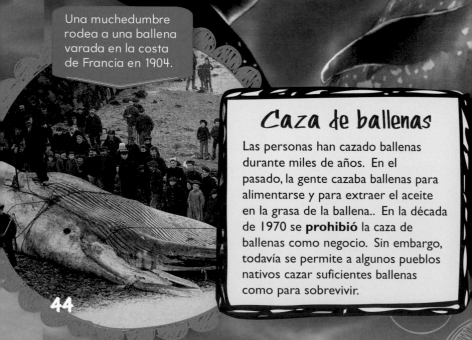

Una muchedumbre rodea a una ballena varada en la costa de Francia en 1904.

Caza de ballenas

Las personas han cazado ballenas durante miles de años. En el pasado, la gente cazaba ballenas para alimentarse y para extraer el aceite en la grasa de la ballena.. En la década de 1970 se **prohibió** la caza de ballenas como negocio. Sin embargo, todavía se permite a algunos pueblos nativos cazar suficientes ballenas como para sobrevivir.

Las ballenas azules llegan a medir 108 pies de largo y pueden pesar hasta 330,000 libras.

¡Engulle!

Las ballenas azules son ballenas con barbas, es decir, que en vez de dientes, en la boca tienen barbas duras como alambres de púa. Usan las barbas para filtrar la comida del agua de mar. Las ballenas azules comen principalmente kril, que son pequeños animales marinos similares a los camarones. Pueden comer hasta 7,900 libras de kril por día.

Científicos quitan una parte de las barbas de una ballena que apareció muerta en la playa.

CACHALOTES

El cerebro de los cachalotes es más grande que el de cualquier otro animal de la Tierra. En la cabeza tienen una sustancia llamada *espermaceti*. Es de un color blanco lechoso y tiene una textura cerosa.

En el pasado, los cachalotes se cazaban principalmente para obtener el espermaceti, que se usaba para hacer velas, jabones, cosméticos y aceite para máquinas. También se los cazaba para obtener el ámbar gris, que se usaba para hacer perfumes. El ámbar gris es una sustancia gris, sólida y cerosa. Se encuentra en el aparato digestivo de la ballena.

La caza a la que se vio sometido en el pasado hizo que la población de cachalotes disminuyera. Las ballenas también suelen quedar atrapadas en las redes de pesca y a veces chocan contra los barcos.

Grandotes

Los cachalotes macho pueden medir hasta 52 pies de largo y pesar hasta 45 toneladas. Los cachalotes suelen sumergirse entre 1,000 y 3,000 pies, pero han llegado a sumergirse hasta 9,800 pies, una profundidad mucho mayor que la alcanzada por cualquier otro mamífero.

¿Te preguntas por qué?

Los científicos no saben por qué los cachalotes producen espermaceti. Creen que ayuda a las ballenas a sumergirse y a salir a la superficie con más facilidad, pero no están seguros.

planta de procesamiento de espermaceti en la década de 1950

Los cachalotes comen muchos tipos de animales marinos diferentes, pero principalmente comen calamares, pulpos y rayas.

TIBURÓN BALLENA

El tiburón ballena se encuentra en aguas tropicales y es el tiburón más grande del mundo. A pesar de su tamaño amenazante, los tiburones ballena no tienen grandes dientes para atrapar y mascar la comida. Son **filtradores**. Mientras nadan, recolectan pequeños organismos marinos en sus grandes bocas y luego filtran el agua con las branquias. A la gente le gusta mucho comer los tiburones ballena, por lo que está en peligro.

Los tiburones ballena son de color gris, con la panza blanca y manchas y rayas amarillas en el lomo.

Los tiburones ballena pueden medir más de 40 pies de largo y pesar más de 21 toneladas.

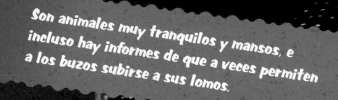

Son animales muy tranquilos y mansos, e incluso hay informes de que a veces permiten a los buzos subirse a sus lomos.

Verdaderamente tropical

Los tiburones ballena viven en aguas totalmente tropicales. Cada primavera, migran a la costa oeste de Australia.

Qué desperdicio

A veces, los cambios naturales en el medio ambiente son una amenaza para los peces. Otras veces, la sobrepesca hace que las poblaciones de peces disminuyan. La gente necesita comida y le encanta comer pescado. Pero otras veces la necesidad no es clara.

El aleteo de tiburones es una práctica cruel en la que le cortan las aletas al tiburón para usarlas en sopas y medicinas tradicionales. El resto del tiburón no se usa y se vuelve a arrojar al océano para que se ahogue o se desangre hasta morir.

50

El espermaceti de los cachalotes llevó a estos mamíferos al borde de la extinción. El órgano espermaceti contiene hasta 530 galones de espermaceti. Se usaba para encender lámparas de aceite y hacer velas. La carne de la ballena era un beneficio extra.

La tortuga carey se caza para obtener su caparazón. Los elaborados dibujos en sus caparazones se lustran y usan en objetos decorativos y joyería.

GRAN TIBURÓN BLANCO

El gran tiburón blanco es vulnerable. Los cazadores lo cazan como alimento y por deporte. Tiene varias filas de dientes grandes que son muy apreciados como trofeos. Sus dientes también son excelentes para comer carne. Este tiburón come peces, delfines, focas, tortugas de mar, nutrias e incluso aves marinas. El gran tiburón blanco es uno de los tiburones más peligrosos del mundo. Pero se sabe poco sobre la vida de estos tiburones. Por eso es difícil protegerlos.

Muchos tiburones tienen dientes serrados, es decir, dientes con bordes filosos y puntiagudos como una sierra.

Sexto sentido

Al igual que otros tiburones, el gran tiburón blanco tiene un sentido extra. Usa las ampollas de Lorenzini para aprender sobre el mundo. Las ampollas forman una red de receptores alrededor de la cabeza del tiburón. Perciben campos eléctricos muy débiles y pequeños cambios en la temperatura del agua. Todos los animales de mar emiten un campo eléctrico. Las ampollas ayudan a los tiburones a rastrear los animales cercanos.

Estos tiburones tienen el lomo gris claro y la panza blanca.

UNIRSE

Los animales del océano de todo el mundo están siendo amenazados. La contaminación, la sobrepesca, la pérdida del hábitat y otras actividades humanas están poniendo en peligro a estas criaturas. Pero al estudiarlas y aprender qué necesitan para sobrevivir, podemos protegerlas. Si todos trabajamos juntos, podemos hacer la diferencia.

Ayudar

Habla con tu familia sobre las organizaciones (como las que figuran arriba) dedicadas a proteger el océano y a ayudar a recuperar a la vida marina amenazada o en peligro. Ponte en contacto con estas organizaciones para ver cómo puedes ayudar.

Entonces, ¿qué puedes hacer?

Proteger el medio ambiente

Recuerda siempre las tres R—**reducir, reutilizar y reciclar**. Poner en práctica las tres R ayuda mucho al medio ambiente y a muchas especies de animales.

Proteger los hábitats

No contamines los océanos—recuerda que allí viven miles de millones de criaturas marinas.

¡MÁS EN PROFUNDIDAD!

Hacer la diferencia

Muchas personas trabajan en todo el mundo para proteger a las especies en peligro y sus entornos. Algunas fueron los primeros héroes del movimiento. Otras todavía van a la vanguardia. Conoce quiénes son. ¡Tal vez tú también desees unírteles!

Carl Safina

A Carl Safina le apasiona el océano. Escribió varios libros sobre el tema y fundó la organización ambiental *Blue Ocean Institute*. Safina cree que las personas y la naturaleza tienen una relación inseparable. Enseña a otros a cuidar los océanos de la Tierra y la vida marina.

Jacques Cousteau

Jacques Cousteau fue famoso durante la mayor parte de su vida adulta por ser un apasionado explorador del océano y, con el tiempo, como activista del océano. Desarrolló el *Aqua-Lung*, una pieza pionera del equipo de buceo *SCUBA*, e hizo muchos documentales sobre el océano que allanaron el camino para la exploración y la comprensión del océano. La pasión de Cousteau por el océano lo llevó a preocuparse mucho por protegerlo. Hoy en día, su nieta Alexandra continúa su trabajo.

Sylvia Earle

Conocida como "El general esturión" y "Majestad de las profundidades", Sylvia Earle es una defensora de la conservación del océano de larga data. Fue científica jefa de la *National Oceanic and Atmospheric Administration*. En un momento, la revista *TIME* la nombró héroe del planeta. Earle está comprometida con la exploración y la investigación del océano.

El acuario Birch

El acuario Birch está ubicado en el *Scripps Institute of Oceanography* de la Universidad de California, San Diego. El acuario lleva su nombre en honor al apoyo de Stephen y Mary Birch. Cada año visitan el acuario más de 400,000 personas. El acuario original fue fundado en 1903 por la *Marine Biological Association* de San Diego para compartir con el mundo sus descubrimientos. Hoy en día, la misión del acuario es dar al público la oportunidad de estudiar la ciencia del océano, brindar información sobre el trabajo realizado en el instituto Scripps y promover la conservación del océano.

Hacer la diferencia

GLOSARIO

abundante: en gran cantidad

anádromo: que nace en agua dulce, nada hasta el océano y vive allí, pero luego regresa al lugar donde nació para desovar y morir

bivalvo: que tiene dos conchas duras que se abren y se cierran

blanqueamiento coralino: la pérdida peligrosa de algas en los corales, que provoca la pérdida de color

captura incidental: vida marina que se captura por accidente en las redes o equipos de pesca utilizados para pescar otra vida marina

conservación: protección de especies de plantas y animales y del medio ambiente

contaminan: arrojan grandes cantidades de un producto químico o desechos al medio ambiente

cosmopolita: que se encuentra en todo el mundo

delicadeza: algo que gusta comer porque es raro o un lujo

desova: pone o fertiliza huevos en el agua

ecologista: persona que se especializa y estudia la ciencia de cómo los seres vivos se relacionan con sus entornos

ecosistema: todas las plantas, animales y demás elementos de una zona en particular

en peligro: amenazadas y en riesgo de extinción

especies: grupos de animales específicos con características comunes

exóticos: muy diferentes o inusuales

extinción: eliminación total de una especie

extirpado: extinto en una zona, pero que todavía existe en otras

filtradores: animales que obtienen el alimento del agua que pasa a través de sus sistemas

hábitat: entorno natural donde se vive

parásitos: organismos que viven y se alimentan de otros animales sin dar nada a cambio, o que de inmediato matan al animal

pesca furtiva: pescar ilegalmente, en general para obtener una ganancia

pesquería: zona del océano donde personas que utilizan equipos específicos capturan un tipo específico de pez

población: organismos que ocupan una zona

prohibió: la ley no lo permite

recuperó: volvió a ser saludable y sustentable

reproducen: tienen descendencia

superdepredador: la criatura en la cima de la cadena alimenticia

ÍNDICE

BIBLIOGRAFÍA

Bradley, Timothy. *Demons of the Deep.* **Teacher Created Materials, 2013.**

> Aprende sobre algunas de las extrañas criaturas marinas que los científicos están encontrando en las profundidades del mar. Muchas ya están en peligro.

Kalman, Bobbie. *Endangered Sea Turtles.* **Military Service Publishing Company, 2004.**

> Aprende más sobre la tortuga marina en peligro. No solo aprenderás por qué está en peligro, sino también sobre su anatomía, su ciclo de vida, su comportamiento y qué hacen las personas para ayudar a protegerlas.

Kurlansky, Mark. *World Without Fish.* **Workman Publishing Company, 2011.**

> ¿Qué está sucediendo con la población de peces del mundo? Este ex pescador comercial te enseñará sobre los peces que podrían extinguirse y qué puedes hacer para evitarlo.

Wyland, Robert. *Learn to Draw and Paint with Wyland.* **Walter Foster, 2002.**

> Al igual que Wyland, ayuda a los animales del mar en peligro para hacer la diferencia. Este libro te enseñará técnicas de dibujo y pintura que pueden mejorar tu destreza y, al mismo tiempo, ayudar a los animales en peligro. Puedes crear pósters y folletos para que la gente preste más atención a los animales del mar en peligro.

MÁS PARA EXPLORAR

Endangered Animals Game!

http://www.sheppardsoftware.com/content/animals/kidscorner/endangered_animals/endangered_game.htm

Aprenderás más sobre los animales en peligro de todo el mundo mientras juegas este juego interactivo. Obtén puntos extra al hacer clic en la grulla y responder correctamente a las preguntas. Si respondes correctamente a todas las preguntas, ¡tú y los animales recibirán una sorpresa especial!

Protecting the Ocean

http://ocean.nationalgeographic.com/ocean/protect

Aquí verás un montón de fotografías hermosas de los animales y sus hábitats que necesitan de tu ayuda. Cada fotografía incluye también un párrafo sobre el animal y por qué está en peligro.

Especies Fact Sheets

http://www.kidsplanet.org/factsheets/map.html

Obtén datos sobre especies en peligro de todo el mundo. En este sitio figura una lista amplia de animales en peligro. Haz una búsqueda por continente, nombre o hábitat. Cada animal de la lista tiene una hoja de datos, su grado de protección y enlaces adicionales donde obtener más información. También aprenderás sobre la Ley de Especies en Extinción y por qué es importante.

Our Endangered Animals

http://www.konicaminolta.com/kids/endangered_animals/comics/index.html

¿Por qué los animales están en problemas y cómo podemos ayudarlos? Sigue a Hiroto y a Miki a través de este cómic de siete partes, mientras explican los diferentes motivos por los que los animales en peligro están en problemas.

ACERCA DEL AUTOR

William B. Rice se crió en Pomona, California, y se graduó en Geología en la Universidad Estatal de Idaho. Trabaja en una agencia del estado de California que lucha por proteger la calidad de los recursos de agua superficiales y subterráneos. Proteger y preservar el medio ambiente es importante para él. William está casado, tiene dos hijos, y vive en el sur de California.